SOUVENIRS

D'UN

OFFICIER DE L'ARMÉE BELGE

SOUVENIRS

D'UN

OFFICIER DE L'ARMÉE BELGE

A PROPOS

DES MILITAIRES FRANÇAIS INTERNÉS A ANVERS

PENDANT LA GUERRE DE 1870-71

PAR

LE GÉNÉRAL F***

PARIS

HENRI CHARLES-LAVAUZELLE

Éditeur militaire

10, Rue Danton, Boulevard Saint-Germain, 118

—

(MÊME MAISON A LIMOGES)

SOUVENIRS

D'UN

OFFICIER DE L'ARMÉE BELGE

A PROPOS

DES MILITAIRES FRANÇAIS INTERNÉS A ANVERS

PENDANT LA GUERRE DE 1870-71

PAR

LE GÉNÉRAL F***

PARIS

HENRI CHARLES-LAVAUZELLE

Éditeur militaire

10, Rue Danton, Boulevard Saint-Germain, 118

—

(MÊME MAISON A LIMOGES)

SOUVENIRS

D'UN

OFFICIER DE L'ARMÉE BELGE

Dès l'ouverture des hostilités, le gouvernement belge avait mis l'armée sur pied de guerre ; la batterie que je commandais fut chargée d'évacuer le matériel du polygone de Brasschaet. Nous y trouvâmes deux batteries de campagne qui se mobilisaient, ainsi que l'officier désigné pour assurer le départ des archives. Inutile de dire que toutes nos conversations roulaient sur la guerre et ses causes.

Après le traité de Prague, qui changeait les conditions de l'équilibre européen, une lutte entre la France et la Prusse était devenue inévitable ; seulement, le prétexte de la guerre nous semblait malheureux. Qu'aurait-on dit en France si, lorsque Louis-Philippe, sous la pression, discrète cependant, de l'Europe, refusa le trône de Belgique pour son fils le duc de Nemours, un engagement avait, de plus, été exigé de lui qu'il ne permettrait jamais à aucun prince de sa famille d'aspirer à la même couronne ? Tel de nos camarades était ultra-Français, tel autre Allemand enragé ; le sentiment général n'en inclinait pas moins vers une sympathie très grande pour nos voisins du Sud, auteurs de notre indépendance, sympathie qu'atténuait cependant la crainte sérieuse que de trop grands succès de leur côté ne missent notre nationalité en péril, la légende des frontières du Rhin continuant d'avoir cours chez les bonapartistes.

Ces succès, d'ailleurs, nous y croyions peu, sachant quelle était l'admirable préparation de l'armée prussienne, sa supériorité en nombre et sa puissante artillerie.

Les canons français nous étaient moins connus que ceux de l'Allemagne, — on les entourait d'un tel mystère qu'on fermait à clé les bouches des pièces, — mais il était avéré pour nous que le modèle Krupp adopté par les Prussiens donnait à leurs bouches à feu une justesse de tir et une portée bien supérieures.

Les perfectionnements qu'on apporte au matériel, c'est le secret de Polichinelle, bientôt dévoilé qu'il est par les livres spéciaux ; ceux-ci nous avaient depuis longtemps fait connaître, en dépit des précautions prises, le canon de Napoléon III. On a lieu de s'étonner, à ce propos, qu'une nation d'un caractère si communicatif cache si soigneusement aux étrangers — comme ses pièces d'artillerie — ses établissements militaires. J'avais été invité par le général M..., auquel, par ordre, j'avais montré dans tous ses détails la première coupole construite en Belgique — celle du fort 3 d'Anvers — à venir le voir à Vincennes. J'espérais, à titre de revanche, qu'il me ferait visiter la pyrotechnie sous ses ordres ; j'y trouvai partout portes closes, et cependant l'expérience de 1870 a prouvé qu'il n'y avait là aucun secret important à garder.

Vu le souvenir des gloires du premier Empire, demeuré très vif en Belgique, nos sous-officiers étaient encore plus que leurs chefs portés pour la France ; quant aux simples soldats, ils ne pensaient qu'à bien faire leur service. Doués d'une partie de l'élan français et de la ténacité allemande, on peut tout en obtenir. Puissent l'entêtement de nos Chambres à ne pas admettre le service personnel et l'introduction de l'élément socialiste dans les rangs ne pas modifier un jour ces bonnes dispositions !

J'avais reçu beaucoup de réservistes ; je m'occupais avant tout de leur instruction ; car, à cette époque, on ne rappelait pas les miliciens sous les armes pour les manœuvres. Un certain nombre d'entre eux n'avaient pas servi les canons rayés. Le même fait se présentait d'ailleurs en France, où les hommes de la réserve rejoignaient leur corps sans avoir jamais eu un chassepot entre les mains.

Manquant d'attelages pour terminer l'évacuation de mon matériel, je me rendais le 7 août à Anvers, afin de provoquer à ce sujet des ordres du directeur de l'artillerie. De retour à Brasschaet, gros village à une lieue du polygone, où les ducs d'Orléans et de Nemours logèrent en 1832, j'y trouvai les habitants en fête et les cabarets remplis. Je m'arrêtai au bureau de la poste, et je demandai au receveur :

— Que se passe-t-il donc ? Quel est ce mouvement extraordinaire pour un jour de la semaine ?

— Les Français, commandant, viennent de remporter une grande victoire : 40.000 Prussiens et le prince Frédéric-Charles sont pris ou tués !

— Mais cela ne m'explique pas de pareilles démonstrations de joie.

— Ils ont beaucoup souffert des Allemands dans le temps, mon cher commandant, et ils sont très catholiques ; la lutte actuelle est pour eux la guerre de l'impératrice Eugénie, le combat contre les hérétiques.

A ce moment, la patache de la poste, que je devais prendre pour aller à Anvers, arriva, apportant le courrier; il en descendit, entre autres, un capitaine rentrant de mission au camp, et je lui parlai de la grande victoire attribuée aux Français :

— La nouvelle est fausse, me répondit-il; ce sont, au contraire, les Prussiens qui ont été vainqueurs; on s'arrache les journaux en ville; tenez, lisez, mon commandant, me dit-il en me tendant un numéro de l' « Etoile belge » qu'il avait payé 2 francs.

Je pris place dans la patache, qui repartait pour Anvers et, pendant la route, je parcourus fiévreusement les lignes donnant des détails sur les batailles de Wissembourg et de Spickeren, et qui constataient combien les Français, quoique de beaucoup inférieurs en nombre, s'étaient vigoureusement défendus.

Je rentrai définitivement à Anvers le lendemain de la capitulation de Sedan, que j'appris au moment où je pénétrais dans la caserne à la tête de ma batterie. Je ne décrirai pas l'émotion produite par cette nouvelle dans notre monde militaire, où personne n'aurait cru que Mac-Mahon eût pu se laisser ainsi enfermer.

Nos officiers, qui s'attendaient à une guerre générale, ne rêvaient que plaies et bosses; nous voulions tous être envoyés à la frontière. Je n'eus pas cette chance et fus désigné pour commander les deux batteries d'artillerie chargées d'assurer, avec un bataillon d'infanterie, la défense du fort n° 7 de la place d'Anvers.

Je trouvai le fort sur le pied de guerre : les pièces en batterie, les munitions prêtes, les traverses refaites et les blindages renforcés. Il n'y eut qu'à maintenir le tout en bon état.

Le commandant d'armes de la ville, sous les ordres duquel j'étais placé, m'avertit, le 16 octobre, que, le lendemain dans l'après-midi, je recevrais au fort, pour y être installés dans le réduit, 500 internés français attendus du camp de Beverloo. Je fis immédiatement prendre dans les magasins militaires les fournitures nécessaires à leur couchage et tout disposer pour les caser le plus convenablement possible.

Les Français qui avaient cherché asile en Belgique croyaient que, parce qu'ils s'étaient remis volontairement entre nos mains, ils pouvaient y rester à l'état libre ; mais les lois de la guerre nous imposaient le devoir de les empêcher d'en sortir, voilà pourquoi le camp de Beverloo leur fut assigné comme résidence. On comprend leur mauvaise humeur ; la nôtre n'était pas moindre d'avoir à garder en captivité des malheureux qui ne nous avaient fait aucun mal. Aussi le traitement à leur égard fut-il des plus généreux ; seulement, ces internés comptaient une certaine proportion d'hommes auxquels les revers avaient ôté tout sentiment de discipline (leur présence à l'armée avait, d'ailleurs, été funeste à la France dans les dernières batailles). Ceux-là se montrèrent insoumis, les évasions se succédèrent, et, sur des réclamations, venues sans doute d'Allemagne, nous dûmes nous montrer plus sévères. Quelques-uns avaient été jusqu'à vouloir se révolter et mettre le feu aux baraquements. C'est alors que les autorités de Bruxelles décidèrent d'enfermer les militaires français entrés en Belgique dans un certain nombre de places fortes : Anvers, Diest, Ostende. Dans la première de ces places, les forts 3, 5 et 7 leur furent affectés. Il n'y eut qu'un très petit nombre d'internés allemands, et tous furent échangés contre des Français.

Tout était prêt, et dès 4 heures nous attendions le détachement, qui n'arriva qu'à 7 h. 1/2. Dans les corridors, l'obscurité n'était atténuée que par la lumière insuffisante de quelques lampes à pétrole, et ce fut un triste spectacle que l'apparition de cette colonne de malheureux, porteurs de misérables paquets ; la moitié au moins n'avaient pour se garantir du froid qu'un mauvais pantalon et un bourgeron usé. Tous les échappés de Sedan étaient dans ce cas, et pourtant il paraît qu'à Beverloo ils avaient participé à des distributions d'effets. L'officier qui les convoyait me remit une liste de ces hommes, en me faisant observer qu'elle n'avait rien d'officiel et avait été dressée à l'aide des seuls renseignements fournis par eux-mêmes ; il ajouta qu'au lieu de 500, ils n'étaient, d'ailleurs, que 420 de toutes armes.

On les conduisit dans les chambres, où ils reçurent un bon repas chaud, dont ils avaient d'autant plus besoin qu'ils étaient restés toute la journée en route.

J'allai le lendemain inspecter les locaux qu'occupaient mes nouveaux hôtes, et je les trouvai, en débrouillards qu'ils étaient, aussi bien installés que possible. Mon fourrier m'apprit seulement que, n'ayant pas eu le temps, la veille au soir, de reprendre les fournitures en trop, il venait de les chercher vainement ; ces messieurs les mal vêtus s'en étaient emparés, les avaient taillées, recousues pour s'en faire qui un pantalon, qui un veston, qui un bonnet.

J'avais espéré pouvoir mettre mes internés sous la surveillance de leurs sous-officiers ; mais ils refusèrent absolument de se soumettre à leurs ordres, quelques-uns allant même jusqu'à menacer leurs anciens gradés ; je les confiai alors aux soins des sous-officiers et brigadiers belges, et, après avoir réglé les détails du ménage, quatre des leurs furent désignés pour s'occuper de la popote.

On accorda aux internés la solde du soldat belge, supérieure à ce qu'avait été la leur ; les dépenses du ménage et du matériel déduites, ils reçurent comme deniers de poche, par cinq jours : les sous-officiers 1 franc ; les caporaux, 0 fr. 50 ; les cavaliers et artilleurs, 0 fr. 40 ; les fantassins, 0 fr. 20, avec lesquels ils pouvaient se procurer des suppléments de nourriture, de la bière et du tabac.

Leur ordinaire fut aussi soigné que possible. Comme ils n'aimaient pas notre pain de munition, on leur en donna du blanc ; on ajoutait du sucre à leur café — douceur complètement inconnue au soldat belge.

Les officiers généraux et supérieurs touchaient 150 francs par mois, les officiers subalternes 100 francs.

* * *

Déjà, ce premier jour, j'eus à constater une évasion. Vers 4 heures, un vitrier du voisinage avait été appelé pour remettre un carreau dans une des chambres. Il vaquait à sa besogne monté sur une échelle, lorsqu'un des internés en blouse chargea le porte-vitres sur ses épaules et sortit tranquillement du fort. Son travail terminé, l'ouvrier ne trouvant plus ses outils et voyant qu'on riait de lui, se précipita nu-tête à la poursuite du ravisseur. Sa course rapide, son air agité le firent prendre pour un fuyard ; le factionnaire croisa la baïonnette devant lui et cria : « Aux armes ! »

Notre pauvre compatriote fut empoigné, conduit à la salle de police, et, comme il ne connaissait que notre « moedertaal » — le flamand — il lui fut facile de prouver son identité. Plus tard, nous constatâmes que plusieurs de nos internés parlaient la langue du peuple anversois.

La vie fut pour ceux-ci d'abord assez douce. Ils se flattaient que leur détention ne serait que de courte durée : comme nous, ils pensaient que la paix ne pouvait tarder à être signée ; on ne prévoyait pas le vigoureux effort de Gambetta et du gouvernement du 4 Septembre.

On leur accordait beaucoup de liberté à l'intérieur du fort ; ils sortaient du réduit, se promenaient sur le terre-plein. Par un hasard assez heureux, ils comptaient dans leurs rangs un corps de musique complet avec un sous-chef très intelligent. L'après-midi, à 2 h. 1/2, cette musique, qui se faisait entendre sur le glacis, avait pour auditeurs assidus tous les soldats français, auxquels venaient se joindre les soldats belges inoccupés.

J'avais installé dans le bureau de mon maréchal des logis chef un jeune caporal de chasseurs à pied, assez instruit, qui tint pendant tout le temps les livres de contrôle et de ménage.

L'organisation des distributions et du prêt fut laborieuse ; à l'origine, nous ne pûmes éviter que certains internés ne touchassent plusieurs fois la même solde ou les mêmes rations, à cause de l'impossibilité où nous étions de les bien distinguer les uns des autres, et ce n'est qu'après une surveillance sévère que nous parvînmes à supprimer ce carottage.

Les troupiers des deux pays établirent ainsi entre eux des relations amicales, en dépit des entraves que mes instructions me forçaient à y mettre. Bientôt elles se traduisirent par de nouvelles évasions rendues faciles grâce au fait que la garde extérieure du fort se composait de troupes d'infanterie provenant des forts voisins, et que les sentinelles, malgré leur consigne, prenaient pour des ouvriers belges les internés porteurs de costumes civils. Une autre cause les favorisait encore : un comité composé de quelques Français (ce n'étaient pas des francs-fileurs, quoiqu'il n'en manquât pas en Belgique) et de riches négociants d'Anvers avait réuni des sommes assez considérables pour l'achat de vêtements et la distribution de douceurs aux internés. Ce comité leur procura, entre autres choses, des chaussures, dont le plus grand nombre avaient un urgent besoin ; mais il prêtait aussi — j'en ai la certitude — son aide aux évadés, leur donnant en même temps les moyens de rentrer en France. Ce qui semble le prouver, c'est qu'aucune tentative n'échoua. Pour ce qui est des vêtements et surtout des bottines, ils disparaissaient aussitôt après distribution ;

cependant, quand les internés quittèrent le fort, presque tous emportaient une paire de chaussures toutes neuves.

Les sous-officiers de notre artillerie avaient particulièrement de bons rapports avec leurs collègues français de la même arme. Un beau jour, huit de ceux-ci, revêtus des habits de leurs amis belges, sortirent du fort pendant que la musique jouait, salués correctement à leur passage par le factionnaire. Il est évident qu'ils agirent de connivence avec nos gradés ; mais ils s'étaient si bien entendus qu'une enquête minutieuse ne put relever aucune preuve contre ces derniers. On leur avait, disaient-ils, volé leurs effets ; le lendemain, habits, pantalons, shakos, tout rentrait au fort.

Chaque évasion était pour moi l'occasion de reproches fort désagréables, et pourtant mes chefs se rendaient bien compte que je ne pouvais les empêcher tant qu'on ne s'arrêterait pas à des mesures de surveillance bien plus rigoureuses. Par compassion, par sympathie sans doute, aucun d'eux ne voulait les prescrire. Mais il est probable que l'Allemagne intervint, car, malgré ses lois sévères sur le recrutement, ses nationaux, aussi nombreux en Belgique que les Français, durent tenir ses agents au courant de tout ce qui s'y passait.

Le gouverneur d'Anvers donna donc l'ordre de ne plus laisser sortir du réduit les internés, qui en furent vivement affectés ; des actes d'indiscipline se produisirent, les musiciens déclarèrent qu'on ne les entendrait plus, et ils tinrent parole.

⁂

Je cherchai alors d'autres moyens de distraction ; je commençai par organiser des cours, pour les illettrés d'abord, puis pour tous ceux qui voulurent en profiter. Je rencontrai chez tous énormément de bonne volonté ;

moniteurs et élèves se firent inscrire avec empressement. Ces derniers n'oublièrent pas sans doute plus tard combien leur instruction avait gagné pendant leur séjour au fort sous mon commandement.

Quelques-uns demandèrent à pouvoir s'associer pour jouer la comédie; je mis tout de suite un local à leur disposition, ainsi que de vieilles toiles, des couleurs et des pinceaux. Ils tendirent au fond de la scène un décor pas mal peint, ma foi, et quelques autres sur les côtés; mais je pus constater, après leur départ, que, tout en cherchant à s'amuser, ainsi que leurs camarades, ils avaient poursuivi l'idée de s'échapper, car, lorsqu'on enleva la toile du fond, on s'aperçut que le mur était percé aux deux tiers de son épaisseur, qui était considérable.

Leur troupe donna plusieurs représentations, auxquelles ils me convièrent, ainsi que mes cadres. Je n'y allai qu'une fois, et je dois dire qu'ils mirent beaucoup de naturel dans leur jeu et plurent fort à tout le monde.

Ces distractions littéraires et théâtrales n'eurent qu'un effet passager. A mesure que les espérances de paix s'éloignaient, le désespoir s'empara de beaucoup, et ils complotèrent de s'échapper de force. Les escaliers qui conduisaient du rez-de-chaussée du réduit aux sous-sols occupés par eux avaient été condamnés au moyen de barricades en bois très solides. Comment réussirent-ils à déplacer les grosses poutres qu'on y avait entassées? Comment parvinrent-ils à déboucher en grand nombre au haut de l'escalier? Ils n'avaient pu faire ce travail sans qu'on les entendît; aussi, la garde put-elle les arrêter au passage. Les obstacles furent renforcés de façon qu'il devint impossible de les enlever.

Les évasions persistaient, malgré notre surveillance et sans qu'on pût se les expliquer. Voici un petit échantillon d'une des rares tentatives qui ne réussirent pas.

Mon adjudant de batterie, V. de C..., la canne à la main, regardait la voiture de l'épicier fournisseur des petits vivres sortir du réduit ; il remarqua que, parmi les sacs d'épluchures de pommes de terre dont elle était chargée, il y en avait un qui allait tomber ; il le désigna au charretier d'un bon coup de canne. Un grand cri se fit entendre ; un Français était dans le sac, et dans chacun des autres on en trouva également un.

Quelques jours après, un accident mortel coupa court aux projets de fuite. Avec la complicité probable d'un de nos soldats, les internés parvinrent à se procurer ou à fabriquer une corde de plus de 60 mètres. Trente-cinq d'entre eux s'échappèrent la nuit du réduit, franchirent l'épaulement et tendirent leur corde à travers le fossé capital. Les quatorze premiers atteignirent heureusement l'autre rive et trouvèrent sans doute des âmes charitables, prévenues à l'avance, pour les habiller en civil et les expédier en France. Le quinzième lâcha la corde à moitié chemin et se noya. La garde, avertie, fit les plus grands efforts pour sauver ce malheureux, mais la nuit était fort obscure et des glaçons flottants gênaient les recherches ; bref, à cause du froid qui avait encore augmenté pendant la nuit et avait recouvert de glace l'eau du fossé on ne le retrouva pas et l'on ne put lui rendre les honneurs qu'un mois après. La victime était un brigadier de hussards, jeune et joli garçon vraiment intéressant. Inutile d'ajouter qu'on reconduisit immédiatement dans leurs chambres ses camarades, frustrés dans leur tentative de franchir le fossé.

*
* *

J'allais tous les jours visiter les internés, et, dans mes conversations avec eux, je m'efforçais surtout de leur faire comprendre que, si nous étions obligés de les retenir, c'était par obéissance aux lois de la guerre ; mes cadres en faisaient autant : aussi n'eus-je que rarement à infliger des punitions.

Sur la route qui mène au fort 7, je rejoignis un jour le capitaine aide de camp du gouverneur de la place, qui allait visiter, par ordre de son chef, les installations du réduit. Arrivés au fort, je lui donnais justement les meilleurs renseignements sur la conduite des internés, lorsque le factionnaire m'apprit que le chef de poste venait de partir avec la garde pour réprimer des désordres à l'intérieur. Nous hâtâmes le pas, et nous trouvâmes, à la porte de la cuisine et en défendant l'entrée, les quatre cuisiniers français ivres et armés chacun d'un grand couteau. A l'extrémité des deux corridors y conduisant, le gros des internés, maintenus par des hommes de la garde, semblant prêts à porter secours à leurs camarades, voulût-on les maltraiter. Telle n'était pas, d'ailleurs, l'intention du chef de poste, qui hésitait même à agir, de peur de blesser les cuisiniers. Dès que j'apparus, ceux-ci furent désarmés et mis au cachot. Tout se réduisait du reste à peu de chose : une cantinière avait descendu par une fenêtre deux bouteilles de genièvre aux Vatels, qui, une fois gris, avaient vidé sur les dalles de la cuisine et dans le charbon le contenu des grandes marmites, la viande comprise. Conclusion : jeûne de quelques heures pour leurs compatriotes et remplacement des cuisiniers français par des belges, dont les estomacs n'eurent au surplus pas à se plaindre.

****

J'aimais beaucoup à causer avec les internés. Je fus vivement frappé, durant les premières semaines, de la démoralisation que la défaite et les souffrances avaient amenée chez ces successeurs des vainqueurs de Sébastopol et de Solférino. Les échappés de Sedan, surtout, se distinguaient par leur manque de patriotisme et les accusations de trahison qu'ils proféraient à l'adresse de leurs chefs et des sous-officiers mêmes, qu'il fallut protéger contre eux. On les avait conduits à la boucherie, criaient-ils, et l'un d'eux me demandait pourquoi tant de pauvres diables étaient sacrifiés, au lieu de laisser Guillaume et ...Napoléon régler en champ clos les différends entre la Prusse et la France, en même temps qu'il se répandait en invectives contre les deux souverains. Le sentiment patriotique se réveilla pourtant chez le plus grand nombre. Il n'avait jamais abandonné ces braves cavaliers, ces artilleurs dévoués, qui me racontaient ce qu'ils avaient vu de cette guerre. Quelques vieux canonniers avaient les larmes aux yeux en parlant de leur capitaine, si admirable au feu, et qu'un éclat d'obus avait emporté ; je regrette de n'avoir pas retenu son nom. La plupart des fantassins dont le moral s'était maintenu suivirent aussi avec passion les péripéties de la lutte, qui, à notre grand étonnement, se continuait.

J'assistai souvent aux leçons, encourageant les moniteurs et les élèves et constatant chez les premiers beaucoup de patience et chez les autres une attention soutenue.

L'état de santé fut toujours très satisfaisant. Le service sanitaire était dirigé par M. S..., médecin de Wilryck agréé pour la durée de la guerre. L'hôpital militaire d'Anvers recevait les malades sérieusement atteints et fournissait au fort les médicaments nécessaires. Les bains de cet établissement rendirent de grands services ; mais il fallut renoncer à y envoyer les internés, à cause des évasions qui en résultèrent et furent dues peut-être à la connivence des gradés chargés de les accompagner. Un brave turco en fut surtout vivement contrarié ; il me suppliait de lui donner la permission d'aller au bain, ne me cachant pas qu'il voulait en profiter pour faire une visite à sa Joséphine. Il prétendait qu'un sous-officier complaisant lui avait laissé faire une petite connaissance lors d'une excursion à Anvers pour motif de santé. Fatigué de son charabia, je le menaçai de le punir s'il me parlait encore de cette dulcinée qui n'existait peut-être que dans son imagination.

**

Si nous soignâmes autant que possible les corps, les âmes ne furent pas oubliées : en même temps qu'on attachait auprès des internés un abbé français rétribué, un ministre réformé et un rabbin étaient autorisés à les visiter. Dans les premiers jours de novembre, afin d'éviter des courses très longues aux deux derniers, on évacua du fort 7 quatre-vingts de ses habitants et l'on y réunit tous les dissidents.

Comme tous ces prêtres étaient fort généreux pour leurs ouailles, plusieurs de nos hôtes, peu consciencieux, se présentèrent successivement à eux comme catholiques, protestants et israélites, afin d'en obtenir des douceurs et particulièrement des cigares et du tabac. Je fus forcé d'intervenir pour faire cesser cette exploitation scandaleuse.

Un autel en planches avait été élevé sur le terre-plein, et, tant que les Français purent circuler dans l'intérieur du fort, l'aumônier catholique leur dit la messe tous les dimanches. Plus tard, un local dans le réduit fut mis à sa disposition, avec autorisation d'y réunir son troupeau quand il le voudrait pour des conférences religieuses. Nous apprîmes bientôt qu'entraîné par un trop grand zèle patriotique, oublieux des conditions qu'il avait acceptées, il excitait les internés à s'évader et les y aidait de tout son pouvoir. L'autorité supérieure finit par lui interdire l'entrée des forts.

Les internés attendaient toujours avec impatience la nouvelle de la conclusion de la paix, lorsque le ministre de la guerre décida — j'ignore pourquoi — que tous ceux du fort 7 seraient évacués successivement sur Ostende. Le commandant de place d'Anvers me prévint, le 4 janvier, que, le 6, un convoi de 100 Français serait dirigé sur cette ville, sans m'informer, cependant, que les autres les suivraient. Il me donnait des noms ; mais, sachant par lui-même que les états civils étaient fort peu précis, il ne me rendait responsable que du nombre exact de partants.

A la nouvelle de ce début d'évacuation, les internés furent en proie à une très grande agitation ; ils voulaient tous aller à Ostende. Etait-ce l'espoir de s'évader en route ou le besoin de changement, bien compréhensible de la part de malheureux ainsi renfermés ? Les musiciens surtout se montrèrent excités ; ils me supplièrent de les laisser partir, et je ne pus les convaincre que la chose n'était pas en mon pouvoir. Comme ils se montraient insolents et même menaçants, il fallut faire intervenir la garde. Le soir, ils mirent le feu à leur literie et manquèrent d'incendier le réduit.

Le départ de la colonne était fixé à 4 heures du matin. Comme je demeurais en ville à 6 kilomètres, je chargeai mon lieutenant d'assurer l'exécution des ordres supérieurs. Mais, n'osant me fier complètement à mon sous-ordre, je me mis tout de même en route de très bonne heure pour le fort. Toutefois, arrêté au village par un garde champêtre relativement à une plainte contre un de mes hommes, j'arrivai malheureusement quelques minutes trop tard, et je trouvai mon lieutenant tout déconfit. Il ne savait pas au juste combien il était parti d'internés, tant il y avait eu de confusion et de désordre, tous nos pensionnaires ayant voulu forcer la consigne. Furieux, à juste titre, je lui infligeai quatre jours d'arrêts. A peine rentré en ville, j'étais mandé par le commandant de place, qui m'adressa de justes reproches en m'apprenant qu'il venait de recevoir une dépêche d'Ostende l'avisant qu'il y était arrivé 115 Français au lieu de 100. Certes, si je n'avais pas pris les devants, sans pourtant y songer, c'est moi qui aurais écopé, comme on dit.

En une semaine, le réduit du fort 7 fut vide et ma mission de surveillance terminée.

Les turcos l'occupèrent alors quelque temps ; je n'eus plus à m'en occuper.

Tous les internés furent rendus à leur pays à partir du 11 mars.

*
* *

Comme on vient de le voir, les réfugiés ont été reçus, en Belgique, sur une terre amie qui leur a offert le repos dans le malheur avec tous les égards dus à leur courage, conformément aux instructions du ministère dont communication leur fut faite à Beverloo le 3 septembre.

Ce sont les évasions multipliées, ainsi que la pression des vainqueurs, qui ont amené leur internement dans les forts, mesure dont on les avait menacés dès leur arrivée.

Dans ces forts, ils ont été traités avec la plus grande bienveillance, et ce qui le prouve c'est que les commandants de l'artillerie des forts d'Anvers n°⁵ 3 et 5, plus anciens et ayant conservé plus longtemps que moi la garde des militaires français, ont été nommés, après la guerre, chevaliers de la Légion d'honneur en récompense de leurs soins.

J'aurai pu faire agir des influences qui m'auraient peut-être fait obtenir la même distinction : j'en eusse été fier. Mais, d'un autre côté, cette décoration m'aurait trop rappelé les malheurs d'un pays que j'affectionne et auquel me rattachent mes ascendants et de nombreux parents.

Librairie militaire Henri CHARLES-LAVAUZELLE
Paris et Limoges.

Guerre franco-allemande de 1870-1871, par le capitaine Ch. Romagny, professeur de tactique et d'histoire à l'Ecole militaire d'infanterie, accompagné d'un atlas comprenant 18 cartes-croquis en deux couleurs (honoré d'une souscription des ministères de la guerre et de l'instruction publique et d'une médaille d'honneur de la Société d'instruction et d'éducation). — Volume grand in-8° de 392 pages, et l'atlas....................... **10 »**

Guerre de 1870. — **La première armée de l'Est.** — Reconstitution exacte et détaillée de petits combats avec cartes et croquis, par le commandant breveté Xavier Euvrard. — Volume grand in-8° de 268 pages....... **6 »**

L'armée de Metz, 1870, par le colonel Thomas. — Vol. in-8° de 252 pages, orné d'un portrait et de deux cartes................................. **3 »**

Le maréchal Bazaine pouvait-il, en 1870, sauver la France ? par Ch. Kuntz, major (H. S.), traduit par le colonel d'infanterie E. Girard. — Vol. in-8° de 248 p., avec une carte hors texte des envir. de Metz. **4 »**

Campagne de 1870-71. — **Le 13° corps dans les Ardennes et dans l'Aisne,** ses opérations et celles des corps allemands opposés. Etude faite par le capitaine breveté Vaimbois, de l'état-major de la 10° division d'infanterie. — Volume in-8° de 224 pages.......................... **3 50**

La défense de Belfort, écrite sous le contrôle de M. le colonel Denfert-Rochereau, par MM. Édouard Thiers, capitaine du génie, et S. de la Laurencie, capitaine d'artillerie, anciens élèves de l'Ecole polytechnique, de la garnison de Belfort (5° édition). — Volume in-8° de 420 pages, avec trois cartes et plans en couleurs hors texte....................... **7 50**

Histoire militaire de la France depuis les origines jusqu'en 1843, par Emile Simond, capitaine au 28° d'infanterie. — 2 vol. in-32 de 112 et 102 pages, brochés, l'un. » 50; reliés pleine toile gaufrée, l'un..... **» 75**

Histoire militaire de la France, de 1843 à 1871, par Emile Simond, capitaine au 28° de ligne. — 2 volumes in-32 de 96 et 104 pages, brochés. l'un. » 50; reliés pleine toile gaufrée............................. **» 75**

Crimée-Italie. — **Notes et correspondances de campagne du général de Wimpffen,** publiées par H. Galli. *Ouvrage honoré d'une souscription du ministère de la guerre.* — Volume grand in-8° de 180 pages....... **5 »**

Tableaux d'histoire à l'usage des sous-officiers candidats aux Ecoles militaires de Saint-Maixent, Saumur, Versailles et Vincennes, par Noël Lacolle, lieutenant d'infanterie. — Volume in-18 de 144 pages. **2 50**

Memento chronologique de l'histoire militaire de la France, par le capitaine Ch. Romagny, professeur de tactique et d'histoire à l'Ecole militaire d'infanterie. — Volume in-18 de 316 pages.................... **4 »**

Campagnes d'un siècle, par le capitaine Ch. Romagny, professeur de tactique et d'histoire à l'Ecole militaire d'infanterie. — **Campagnes de 1792 et 1806,** 1 volume (4 cartes). — **1800,** 1 volume (4 cartes). — **1805,** 1 volume (2 cartes). — **1809,** 1 volume (3 cartes). — **1812,** 1 volume (5 cartes). — **1813,** 1 volume (4 cartes). — **1814,** 1 volume (1 carte). — **1815,** 1 volume (1 carte). — **Crimée,** 1 volume (3 cartes). — **1859,** 1 volume (1 carte). — **1866,** 1 volume (4 cartes). — **1877-78,** 1 volume (3 cartes). — 12 volumes in-32, brochés, l'un... **» 50**
  Reliés pleine toile gaufrée................................... **» 75**

Précis historique des campagnes modernes. Ouvrage accompagné de 37 cartes du théâtre des opérations, à l'usage de MM. les candidats aux diverses écoles militaires (2° édition). — Vol. in-18 de 232 p., broché. **3 50**

Le siège de Lille en 1792, par Désiré Lacroix (2° édition). — Brochure in-18 de 32 pages, avec un plan pour suivre les phases du bombardement de la place.. **» 75**

Sans armée (1870-1871), Souvenirs d'un capitaine, par le commandant Kanappe. — Volume in-18 de 336 pages, broché.................... **3 50**